इब्तिदा से अब तक!

भरत शर्मा तग़ज्ज़ुल

क्रम-सूची

क्रम-सूची

क्रम-सूची

किताब के बारे में।

"इब्तिदा से अब तक" किताब के उन्वान से शायद कुछ हद तक ये अंदाजा लगाना आसान होगा की किसी सफर के शुरुआत से अब तक का जिक्र किताब में किया गया है। दरअसल इस किताब में ना केवल मोहब्बत की शुरुआत का जिक्र है, बल्कि मोहब्बत के साथ-साथ हिज़्र, बगावत, हकीकत, नफ़रत, एकतरफा मोहब्बत, धोखा, इंतजार बहुत सी कहानियों की शुरुआत का जिक्र है।

मैं मेरे जीवन में हुई हर एक नयी शुरुआत को मैंने मेरे अहसास के साथ हर्फ़ो मे लिखने की कोशिश की है। कहते हैं कि किसी वाक्या को ब्या करने में ग़र खुबसूरती की कमी नज़र आए तो शायरी उस कमी को दूर करने के लिए सबसे सही तरीका है। तों मैंने भी मेरे अहसासो को खुबसूरती से नवाज़ने की कोशिश की ओर शायरी के रुप में, लिख दी जिदगी की तमाम हकीकत।

और इस तमाम अभी तक की हकीकत को मैंने नाम दिया 'इब्तिदा से अब तक'।

चुकी ये मेरी शायरी की दुनिया की पहली किताब है, जिसमें मेरे गुजिस्ता सालों के शायरी के सफर को शुरुआत से अब तक आप के साथ सांझा करुगा, इसलिए मैंने इस किताब को 'इब्तिदा से अब तक' नाम देना मुनासिब समझा।

_भरत शर्मा तग़ज्जुल

अध्याय1

उल्फत में रुसवाई के लिए राज़ी बहुत है ,
दीन-ए-मोहब्बत की हिफाज़त में गाज़ी बहुत है ।

अब तक ना आया मुझे तंज कसने का हुनर ,
क्योकी दुश्मन भी दिल के नियाज़ी बहुत है ।

उन्होंने मिलकर जिक्र छेड़ा मुस्तकबिल को लेकर ,
हमे तो अब तक याद दौर - ए- माज़ी बहुत है ।

उसकी चाहत में मंका किरायेदारों के भी बने ,
दयार - ए - दिल में उनके पास आराजी बहुत है ।

इनायत ही समझ मै तुझसा हु - ब - हू नहीं हुआ ,
तौहफा अना का देता मुझमें भी फैयाज़ी बहुत है ।

तुने हिज़्र पर मंजूरी कैसे दी गाफ़िल होकर ,
सुना है ताल्लुक़ात में तेरे काज़ी बहुत है ।

मुतासिर बाद में होना ग़ज़ल के अल्फ़ाज़ो से ,
पहले ' तग़ज्जुल ' खुद लफ़्फाजी बहुत है ।

_भरत शर्मा तग़ज्जुल

अध्याय2

खान-ए-आशिक मे होती रुस्वाई की हरकत देखी है ,
मैने फरेब शक्श नहीं फरेब घर की ख़लक़त देखी है ।

महरुम-ए-किस्मत ग़र हूं तो परछाई भी नसीब नहीं होगी ,
मैने जिस्म से रूह की होती फ़राग़त देखी है ।

उस बेख्वाबी रात के बाद सभी रातें शब - ए - गम बनी ,
ख्वाबो में दीदार कर लूंगा दीद-ए-बेख्वाब की ताकत देखी है
।

इनायत है तेरी सिर्फ दयार - ए - दिल जलाया मेरा ,
आतिश-ए-खामोश पर भी पानी के कतर की आफत देखी है
।

अहद - ए - रिफ़ाक़त की क़िल्लत पर अफसुर्दगी क्यो करूं
,
मैने फर्द - फर्द होती गहरी से गहरी रफ़ाक़त देखी है ।

दीद - ए - दिल इश्क में खुलती है , कैसे पहचानें फरेब को,
मैने किचड़ मे शिगुफ्तन होते कमल की हिमाकत देखी है ।

वो दावा करती हैं ' मिलती हू मै गैर से ये बात झूठी है ,
यकिनन मैंने भी झूठ के पीछे झिपी सजाक़त देखी है ।

मेरे लहज़े में भी मिल जाएगी बेअदबी ज़रा रू-ब-रू होना,
मुख्तसर ग़ज़ल में उसने ' तग़ज्जुल ' की नज़ाकत देखी है
।

_भरत शर्मा तग़ज्जुल

अध्याय3

उन दिनों ग़र तुमसे उल्फत कम ले लेता ,
आज आशना के बिना सुकू से दम ले लेता ।

गलतफहमियों की खलिश से बिछड़ गए हम ,
वरना तेरे , मेरे शब्द की जगह हम ले लेता ।

फित्नें का तन्हा जज़ीरा देखा जलता मैंने ,
सोज़ - ए - निहां से जला दिल भ्रम ले लेता ।

हैरत है मेरे अश्क से तुम्हें ज़हमत थी ,
मुतासिर तुझसे आंखें खुदा से नम ले लेता ।

काश तू मेरी ग़ज़ल होती नविशत पलट देता ,
तुझे पाने के लिए तग़ज्जुल बन जन्म ले लेता ।

ग़र तुम जुदाई ना देने की नुमाइश भी करतें ,
तो शायद भरत ताउम्र लज़्ज़त-ए-ग़म ले लेता ।

_भरत शर्मा तग़ज्जुल

अध्याय4

अब तेरे जैसी रस्में कुछ हम भी निभाएंगे ,
कहते हैं किसको बेवफा तुझको दिखाएंगे ।

कागज़,कलम से प्यार तुम भी करने लगोगे
दिल तोड़ के तेरा तुझे शायरा बनाएंगे ।

हसते थे बादलो को रोते देख - देख कर
अब बारिशों से आंसू चुनना हम सिखाएंगे ।

नींद छिनेगे तेरी रातो का कर कत्ल ,
हम चांद को जलता हुआ सूरज बनाएंगे ।

जंग खुद से होगी मेरी ऐलान कर चुका ,
तेरी निशानियों के साथ दिल भी जलाएंगे ।

इत्तेफाक नाम दूंगा गर रस्ते पे हम मिले ,
कौन हो तुम हम भी अजनबी बुलाएंगे ।

सभला है दिल भरत का अब कहने लगा है,
धीरे - धीरे उस शक्श को हम भी भुलायेंगे ।

_भरत शर्मा तग़ज्जुल

अध्याय5

मुस्कान मेरी आंखों की ये , नींद खा रही,
जबसे से तुम गये हो , इन्मे नींद ना रही ।

बिस्तर भी सुना हो गया आंखों में शर्म है
खैरात में ये आंखें मांग , नींद ला रही ।

सब कुछ किया मैने मगर अब ये कैसे सहू
सपनो को छोड़ के मेरे क्यो , नींद जा रही ।

आंखों के आंसू होते हैं , दुख की निशानियां
गाथाएं मेरे जख्मों की , ये नींद गा रही ।

पागल सा हो गया है भरत, रातों को है पता
ना जाग पा रहा हूं ना ही , नींद आ रही ।

_भरत शर्मा तगज़्जुल

अध्याय6

तन्हाइयों से अब मुझे ये इल्म हो गया ,
तालिम इश्क की में, मुझसे जुल्म हो गया ।

शाखा से शाखा मिलके बनने वाला था पेड़ ,
कातिब नजाने सुखा सा ,क्यो गुल्म हो गया ।

वो रात भी मुहीब हुई किस फरेबी की ,
आफताब का वो अब्र, खुला खुल्म हो गया ।

बहना भी छोड़ा तबसे है अब्सार मेरी ने ,
आब-ए-चश्म का इन्हे , जब हुक्म हो गया ।

अब घुस की मोहताज हुई तेरी मोहब्बत ,
अमीरी के शज़र से टुटी फिर रक्म हो गया ।

जाजिब थे आब-ए-आइने की तरहा तुम भी तो ,
अंधेरे में फिकी पडती है वो कलम हो गया ।

बहाना सा हो गई है गज़ल राज़ दिल में है दफ़न ,
शायद भरत का ताजा फिर वो , जख्म हो गया ।

_भरत शर्मा तग़ज्जुल

अध्याय7

तोहमतों का तौफा मेरे लिए आम हो गया ,
तुझे पाने की तलब में मैं बदनाम हो गया ।

उनकी रात में नजाफत कितनी है देखो जाकर ,
क्यो सिर्फ मेरे महताब का दाग़ सरेआम हो गया ।

दिल की कैफियत ऐसी है सोहबत को कौसता है ,
चालाकी से महरुम इश्क में गैरत का काम हो गया ।

उनकी तग़ाफुल की आदत पर मुस्कुरा देता हूं ,
खानुम सिर्फ तसव्वुर में है जारी पैगाम हो गया ।

मैखानोह की आब आज भी शरर लगती होगी तुम्हे ,
मेरी नफ्स का पसीना सिककर तेरा जाम हो गया।

समुद्र किनारे घर था समुद्र को ही पायाब कहता रहा ,
घर कैसे जाऊं , ताबिश में किनारा गुमनाम हो गया।

मुसलसर जारी है जिल्लत की आतिंश उनकी ओर से ,
रफ्ता - रफ्ता भरत से आतिशपर्सत मेरा नाम हो गया ।

_भरत शर्मा तग़ज्जुल

अध्याय8

रहना था बड़ा मुश्किल इक-इक पल की दुरी थी
पर अब ये समझता हुं , वो बस मजबुरी थी ।

मेरा खुन भी तब रोया ,जब अहसास हुआ उसको
मेरी पीठ पे जो मारी , वो दिलदार कि छुरी थी ।

लोगो की जुबानो पर , मशहूर है हम दोनों
क्योकी कृष्ण बिना सुनले , राधा भी अधुरी थी ।

गज़लो में भरत लिखता उस शख्क को है क्योकी
मोहब्बत आज भी पुरी है , और कल भी पुरी थी ।

_भरत शर्मा तग़ज्जुल

अध्याय9

हैरान हो रहा हूं देखके मेरा फ़लक ,
इसमे लिखी है दुरी उन्से और कब तलक ।

उस दिन से आज तक जारी है सिनसिला ,
अब्सार रो चुकी है अब शुरू हुई पलक ।

तेरी राहों में खो गया मैं अनजान हो गया ,
जो घर तेरे ले जाएगी है वो कौनसी सड़क।

इश्तियाक अधूरी रह गई तेरी और मेरी भी
अब्तर हो गया तेरा सिंधुर और मेरा तीलक ।

फ़रेबी नज़रिया हुआ या वो अग्यार हो गया ,
कातिब भरत ना देख पाया तेरी वो झलक ।

_भरत शर्मा तग़ज्जुल

अध्याय10

फिर से हम मिल गए ,आके ईक शहर में ,
पहले गुम थे कहां , जाने किस शहर में ।

किस तरफ घर मेरा ना ये मुझको पता ,
हर डगर फिर रहा , मै मेरे शहर में ।

महक फुलों की फिकी है पडने लगी ,
फैली खुशबू तेरी , जबसे है शहर में ।

ये जगह भी नयी , लोग भी हैं नये ,
महफिलें भी परायी , है इस शहर में ।

गांव में छोड़ के , भरत को आ गए,
पिछे - पिछे तेरे , मै आ गया शहर में ।

_भरत शर्मा तग़ज्जुल

अध्याय11

नाराजगी की हद है , ये सिखना है आपसे ,
सब पुछने लगे हैं रिश्ता क्या है आपसे ।

अब याद आ रही है तेरी आदतें सभी ,
हर छोटी बात पे मुझे लडना है आपसे |

मीठा मुझे पसंद नहीं है पता तुम्हें ,
फिका गिलास दूध का चखना है आपसे |

अब आयना मै देखता दिन में हजारों बार
अच्छा मुझेभी ओर अब दिखना है आपसे |

प्रदेश की पढ़ाई ने जुदा किया हमें ,
भरत का पढना भी और लिखना है आपसे|

_भरत शर्मा तग़ज्जुल

अध्याय 12

आब - ए - तल्ख़ की नही अब्सार के लत की क़िल्लत है,
उन्के लिए आज भी मिज़ाज - ए - सख्त की क़िल्लत है।

आज़माईश करते हैं नज़ायज रिश्ते को बरकरार रखने में,
दीने मोहब्बत का हर कोई है खुदा बस भक्त की क़िल्लत
है।

जुस्तज़ू है सबको मुखलिश हसीनाओं की हैरत हैं ,
महबूब गली-गली में है असली हुस्नपरस्त की क़िल्लत है।

बेवफा की आतिश से रोशन कर देगा जहां को हर कोई,
पर जो वफा से चिराग जलाए उस रक्त की क़िल्लत है ।

जिस्म से चाहत रखने वालों अश्फ़ाक कब्रिस्तान तक है,
सोहबत नही होगा जन्नत में क्योकी नफ्त की क़िल्लत है।

हाल पूछ कर तजलील ना कर मुलाकात मुकर्रर कर ,
दिल जैसे तैसे चल रहा पर सांसों के रफ्त की क़िल्लत है।

मुज़ाहिरा उन्की अय्यारी का मुन्कशिफ़ करना था आज
आशुफ़्ता नही हूं अभी भी , पर वक्त की क़िल्लत है ।

_भरत शर्मा तग़ज्जुल

अध्याय13

मै वो अहल - ए - सुख़न हूं , जो मोहब्बत का ताज़ रखता हूं ,
अपने अंजुमन में कैद पक्षी नहीं , इश्क का बाज़ रखता हूं ।

महरूम हूं कि दाग - ए - नारसायी जारी है या नहीं तेरे यहां ,
पर ये तय है मै आज भी इस दिल-ए-रंजूस पर नाज़ रखता हूं।

अलग इज्तिराब है दिल में , फिर भी चेहरे पर है तबस्सुम ,
क्या है राज़ - ए - तबस्सुम , इसे आज भी राज़ रखता हूं।

तजवीज देते रहे फरेब की रस्म होगी अजाम - ए - मोहब्बत ,
नजाने क्यो फ़ज़ल-ओ-करम का इश्क साज़ रखता हूं ।

तलाफ़ी-ए-हिज्रा तो नहीं होगी पर ना सोचना ज़मीं पर भटकुगा ,
पंख कटवा कर भी अपने , हसरत - ए - परवाज़ रखता हूं।

अज़्मत क्या है दीन - ए - मोहब्बत ये इल्म भरत उन्हे

करा दूंगा ,
सच कहने की वुफूर - ए - आरजू , अब भी जांबाज़ रखता
हूं ।

• 15 •

_भरत शर्मा तग़ज्जुल

अध्याय14

भीड़ में नहीं खल्वत में उसने मुझे पुकार दी ,
जवानी की ताज़ीर मे जवानी मेरी मार दी ।

निगार-ए-जीस्त उनके लिए उरिआनियां थी ,
चाहत तब्दील हुई बिस्तर पर जला निगार दी ।

कुरबत टालने की मशक्कत माशूक ने की ,
इल्ज़ाम लगा चुनरिया रेशम की मैंने उतार दी ।

कत्ल-ए-तमना महसूस कि सुबह के अरसे में,
गर्दिश ये की हवसपरस्त के साथ रात गुज़ार दी ।

बुझ जाते थे चिराग अक्सर मौज-ए-सबां से मेरे ,
चिराग-ए-दिल जलाने की आदत अब सुधार दी।

बानगी मे पेश किया जिस्म तेरी हर आवाज़ पे ,
क्या करूंगा लेकर वापिस तुझे नफ्स उधार दी |

मसला खास ना बना ' तग़ज्जुल ' तेरी तौहीन का ,
ग़ज़ल के खिलाफ अदालत करके तैयार दी |

_भरत शर्मा तग़ज्जुल

अध्याय15

मेरे एहसासातो से हर्फ़ो में तुझे बेवफ़ा बुलाना भी जायज़
था,
महफिलों में की ये ख़ता तेरा खतो को जलाना भी जायज़
था।

अश्क मेरी अबसार में पड़े - पड़े तड़फ रहे थे बेबसी से ,
तेरा खुद से यूं रूख़सत कर रूलाना भी जायज़ था ।

घर की छत पर आना जाना मेरी ग़लीज़ नज़रो का सबूत
था,
आफताब की सरपरस्ती में तेरा बाल सुखाना भी जायज़ था।

इल्तज़ामात से देख मेरी ओर गुड़ीया के बाल नोचे ऐसे ,
कि फिर मेरा छत से नीचे उतर आना भी जायज़ था ।

निकाह के अलावा हिज़्र ,मफ़रक़त के ख्याल ज़हन मे आए,
फिर रफ्ता - रफ्ता तर्के उल्फत हो जाना भी जायज़ था ।

रंजिशे उन रोज़ की मुलाकातों से पैदा हुई है ग़र मुर्शिद ,
फिर तो तेरा गाहे - गाहे नज़रें मिलाना भी जायज़ था ।

गज़ल इम्तियाज़ नज़र आयेगी अब इस तगज़्जुल से ,
रिश्ता नया ना होगा नज़ायज और पुराना भी जायज़ था ।

_भरत शर्मा तग़ज्जुल

अध्याय16

सांसों का रफ्त भी यूं है ठहरा हुआ , दिल मुसलसर पुकार
रहा है तुम्हें ,
मुरझा-मुरझा भी मेरा है चेहरा हुआ , दिल मुसलसर पुकार
रहा है तुम्हें ।

आना चाहता हूं उठकर के बिस्तर से मैं,सदमा ऐसा लगा के
उठा ही नही ,
पासबां गर नही तो क्यो पहरा हुआ , दिल मुसलसर पुकार
रहा है तुम्हें ।

नशा दौर-ए-माजी का भुलाना था गर ,इस मैयखाने का
शायर बनना पड़ा ,
चोट का जख्म फिर से है गहरा हुआ , दिल मुसलसर पुकार
रहा है तुम्हें ।

मेरी चाहत का मौसम भी फिर आयेगा , ऐसा महसूस करने
लगा हूं मै क्यूं ,
ना कभी बारिशों का ये कोहरा हुआ , दिल मुसलसर पुकार
रहा है तुम्हें ।

तेरा झुमका संभाले मै बैठा हु यू , तौहफा मेरा महफुज़ ना
रख सकी क्यो ,
मोती - मोती वो मेरा मुतेहरा हुआ , दिल मुसलसर पुकार

रहा है तुम्हें ।

ग़ज़ल के लिए फिर तग़ज्जुल हुआ , ऐसी खबरें है फना की है चलने लगी ,
हो गया है बहरा जो सुनता नही , दिल मुसलसर पुकार रहा है तुम्हें ।

_भरत शर्मा तग़ज्जुल

अध्याय17

मेरी इत्र से अदावत तब घटे,
तेरी खुशबू बदन से ग़र हटे।

तर्के उल्फत मे ना थी कड़वाहट,
क्योकी तेरे सब तेवर थे खट्टे।

उम्र,जाति,मज़हब,मर्जी कुछ ना मिले,
मुशरिक,मगरिब,शुमाल,जनूब की तरहा बंटे।

उस सहर के बाद सोया ही नहीं कभी,
बरकरार है चेहरे और चदर की सिलवटें|

कमसिन ग़ज़ल का कासिर ' तगज्जुल '
उम्र भी कटी अब तो , जब दिन कटे।

_भरत शर्मा तग़ज्जुल

अध्याय18

बस एक बार और तुम पुकार दो मुझे,
दिल से नही दिल में तुम उतार दो मुझे।

मैखाने , ज़ाम , तवायफों से दोस्ती हुई,
बिगड़ा हु गर तों आके तुम सुधार दो मुझे।

मेरे जिस्म को जुस्तजू माजी के महक की,
तेरी पहनी साड़ीयो से कुछ उधार दो मुझे।

जरुरत है जाके दे दो दवा मेरी माशूक को,
खो जाए उसकी यादें वो बुखार दो मुझे।

आफताब ने मगरिब से बगावत मे ये कहा,
उगा नही सकते हो तो उखाड़ दो मुझे।

कुछ दिन से जिंदगी कहने लगी ' भरत '
सहारे उसकी याद के गुजार दो मुझे।

_भरत शर्मा तग़ज्जुल

अध्याय19

तनक़ीद को जिंदगी का नाफ़ मत करना ,
पर हरीफ़ को कभी मुआफ़ मत करना ।

हद से बेहद हर चीज़ ज़हर बन जाएगी ,
ताल्लुक़ात में इकट्ठे अशराफ़ मत करना ।

बसर करनी पड़े भले चदर के सहारे रात ,
पर चोरी किसी ओर की लिहाफ़ मत करना ।

कभी आदमी से ख़ुदा होने का ख्याल आऐ ,
तब से अपने गुनाहों का इंसाफ़ मत करना ।

खाली कुओं के पास कभी बसती नही बसी ,
अपनी आंखों से आंसू कभी साफ मत करना ।

मकबूलियत ले जलने की हसरत है गर तग़ज्जुल ,
रुख हवाओं का अपने खिलाफ़ मत करना ।

_भरत शर्मा तग़ज्जुल

अध्याय20

खुशनसीबी जुड़ाव मस्तान वालों से रहा ,
मेरे अपनों का दायरा हिंदुस्तान वालों से रहा ।

अब की बार तर्फे रिफाकत कुछ यूं हुई ,
साथ ना गुलसिता से ना रेगिस्तान वालों से रहा।

छपती कैसे किताब मेरे इश्क की यारों,
मैं दूर हमेशा से दास्तान वालों से रहा ।

कौन आएगा मेरी जली चिता के फुल लेने ,
ताउम्र तो ताल्लुक कब्रिस्तान वालो से रहा।

वह क्या देते अमन वफा खुलूस की हिदायत,
मेरा माज़ी तो भरपूर शैतान वालों से रहा ।

_भरत शर्मा तग़ज्जुल

अध्याय21

सब कुछ कहके हर्फ़ - ए - राज़ कर दिया ,
आंखों को चश्म-ए-सुखन- ए -साज़ कर दिया ।

दरिया से ये कह दो हमसे अब ना उलझे ,
किसी ने हमे नशेब - ए - खाक़ कर दिया ।

मेरी खुशी के जनाज़े को करके रवाना ,
मेरे ग़मो को उम्र - दराज़ कर दिया ।

मेरी फितरत तो बे - अदबी थी जनाब ,
शुक्रिया मुझे क़ालिब- ए -अल्फ़ाज़ कर दिया ।

हसरत थी कि उरूज़ - परस्त हो जाऊं ,
ज़िंदगी ने ही नशेब - ओ - फराज़ कर दिया ।

खुदा को है कई शिकवे मुझसे शायद तभी ,
गले के हार से मता-ए-कूचा-ओ-बाज़ार कर दिया ।

हस्बे - मामूल आज भी बस ये लिख सका ' भरत '
कसीदो को सरगुज़िश्त-ए-दिल-ए-नाशाद कर दिया ।

_भरत शर्मा तग़ज्जुल

अध्याय22

ना की लाने में देरी नफ़रत ,
देख ली मैंने तेरी नफ़रत ।

जला के सब जो उड़ जाए ,
राख की नही है ढेरी नफ़रत।

मोहब्बत को मेरे करके बेवा,
सुहागन करदी मेरी नफ़रत।

जिसका करेगी बेहद करेगी ,
नही करती हेरा -फेरी नफ़रत।

चाहत का गुलसिता जब कुचला,
खुश्बू मानिंद बिखेरी नफ़रत।

मोहब्बत की रोशनी में बसती है,
चराग के नीचे अंधेरी नफ़रत।

चल बैठ ' भरत ' समझौता करले ,
कुछ तेरी कुछ मेरी नफ़रत ।

_भरत शर्मा तग़ज्जुल

अध्याय23

उसकी बदसुरती में तज़म्मुल देखा ,
ना शक्ल ना सुरत तख़ैयुल देखा।

मेरी बैचैनिया तो कभी घटी नही,
माशाअल्लाह तेरा तहम्मुल देखा।

मै आशिक़-ए-शैदाई फिर भी गुरूर,
उसके मगरूर मे तफ़ज्जुल देखा।

ना कोई ओर जब्रा कर सकी बया ,
मैंने उर्दू बस तुझमें तख़ल्लुस देखा ।

छोड़ गए तुम ना फिर इज़ाफा हुआ ,
तगज्जुल की वफ़ा मे तनज़्जुल देखा ।

_भरत शर्मा तगज्जुल

अध्याय24

धीरे - धीरे जा रही है , यादे तेरी ख्ववाबो से,
सोने अब मै भी लग गया हुं , पिछली रातों से ।

जिंदगी का ये सफर कट जाएगा बिन भी तेरे,
ले लिया मैने तुजुर्बा , मेरे जज्बातों से ।

आज मिलना हुआ तो शक पे यकीन हो गया ,
तुझको नफ़रत थी तेरी , मेरी मुलाकातों से ।

लिखी जो साथ भरत , तुने मिटा दी अब तो,
नयी तकदीर लिख रहा हूं , अपने हाथों से ।

_भरत शर्मा तग़ज्जुल

अध्याय25

थोड़ा सा करीब खुद के आ रहा हूं इन दिनों,
हद कुरबत के डालता है जा रहा हूं इन दिनों।

तेरे धोखे ने मेरे शक को ही पागल बना दिया,
पानी की घुट भी अब चबा रहा हूं इन दिनों।

शर्त शैतान से लगाई जन्नत को देखूंगा,
अब रूठा हुआ खुदा मना रहा हूं इन दिनों।

शायद आ जाए उड़ती राख को वह मेरी देख,
खुद का जनाजा ही जला रहा हूं इन दिनों।

_भरत शर्मा तग़ज्जुल

अध्याय26

खोटी जेवर हार झुमके कभी गोहर नहीं हुआ करते,
बिस्तरों के ताजिर किसी की धरोहर नहीं हुआ करते।

आरजू निकाह की जुस्तजू विदाई की किस्मत में कहां,
अरे कागजात पर गिरे हर दाग़ मोहर नहीं हुआ करते।

कल आब बहुत था उस पूर्णिमा के चांद का कमबखत,
हर बार हर रात के दुश्मन तमोहर नहीं हुआ करते।

जब से आ गई हूं महफिलों में इस बात से शनासा हुई,
हर राधा के महबूब मुरली मनोहर नहीं हुआ करते।

ऊंचे-ऊंचे महलों में बेशक बगावत होना जायज है,
पर रोशनी भरे इनको कोठो में जोहर नहीं हुआ करते।

बचपन से सुनती आई हूं मैं एक बात तग़ज्जुल,
तवायफों के नसीब में कभी शौहर नहीं हुआ करते।

_भरत शर्मा तग़ज्जुल

अध्याय27

जिसने सिर्फ तेरा सोचा उस मन को अलविदा,
जिसे तेरे मुताबिक नोचा उस तन को अलविदा।

बेवकूफियां नजर आई जब उम्र बढी,
मोहब्बत करने वाले उस कमसिन को अलविदा।

जो दरिया की मानिंद बहती रही दिन-रात,
अब उस चश्म-ए- नम को अलविदा।

गर अबकी बार टूटा तो सच में निकल जाएगा,
कह चुका हूं जिद्दी दम को अलविदा।

दिल मरता - मरता यह कह कर गया है,
तुमको खुदा हाफिज हमको अलविदा।

_भरत शर्मा तग़ज्जुल

अध्याय28

ग़र तू दे तो बे-सबब वफ़ा भी क़ुबूल है,
मुझे तो तेरी नफ़रत जफ़ा भी क़ुबूल है।

मुझे सोने में सजाए ये तेरी नवाज़िशे,
तु मुझे वरना बे-नवा भी क़ुबूल है।

तेरी बे-हद मोहब्बत मिले खुशनसीबी,
वगरना तू तो मुझेबे-वफा भी क़ुबूल है।

मैं तेरा कलंक मेरी आबरू पर सजाऊ,
इसका नुकसान और नफ़ा भी क़ुबूल है।

_भरत शर्मा तग़ज्जुल

अध्याय29

अरे यार मुझे कोई इशारा ना कर,
मेरा दिल कहता है प्यार दुबारा ना कर।

मेरी ज़मीन तो बंजर जमीन है देख,
नूकसान होगा तू अपना दावा ना कर।

शब-ए-ग़म का तकाज़ा है बेख्याली,
तु कच्ची आंखों पर पछतावा ना कर।

हम गाफिल हुए माज़रत चाहते हैं यार,
पर तू गाफिल होकर किनारा ना कर।

चराग-ए-रोशनी हम तो बुझा चुके हैं,
पर तु अंधेरों में राते गुज़ारा ना कर।

तु वफ़ा परस्त काफ़िर ना बन मेरे लिए,
मुझे को तेरा महबूब गवारा ना कर।

तहज़ीब-ए-अदब अलग है मोहब्बत से,
यू ग़ज़लों में नाम भरत का पुकारा ना कर।

_भरत शर्मा तग़ज्जुल

अध्याय30

जो सबसे मजबूत था, वही टूट कुंज-ए-क़फ़स गया,
जो था कभी दवा दिल की वही हो कसक गया।

कुछ बादशाह हुए अना के साथ लोगो की नज़रों में,
अफसोस मैं तो अश्क-ए-नदामत ले के भी खटक गया।

अबतक तो मादूम रही मेरी खुश्बू गुलो के साथ,
इस गुलशन का सुर्खि-ए-तहरीर होने के लिए मसक गया।

_भरत शर्मा तग़ज्जुल

अध्याय31

इंसा - इंसा का नारा लगाकर अपनी मौजूनियत गवाई है ,
जानवरों के हमल के कातिल तुझमें हैवानियत उतर आई है
।

जो दो हाथियों के मौत का परस्तार बना वो ये सुनले ,
जवाल को बुलावा देकर के माकुलियत सुली चढ़ाई है ।

कोरोना का खौफ तुझे कब्रिस्तान तक ना ले जाये कहीं ,
कब्र तेरी छिन जाए जायदाद - ए - जौजियत जो चुराई है
।

हथिनी की हर अश्क का कतर - कतरा तुझे जलाऐगा ,
करके गुमराह , कोख जो नफ्सानियत मे तुने जलाई है ।

अब तखलीक-ए-कायनात के मालिक से उम्मीद ना रखना ,
जम्हूरियत वाले मुल्क में हुई इन्सानियत की रुसवाई है ।

_भरत शर्मा तग़ज्जुल

अध्याय32

अबकी बार आए तो मेरे खातिर नफ़रत ले आना ,
तुम वसंत रख लेना मेरे हिस्से का पतझड़ ले आना ।

अल्फ़ाज़ो की फ़िक्र ना करना मैं हु लिखने के लिए ,
तुम ग़र फिर भी चाहो तो बस खाली ख़त ले आना ।

मुश्किलों बाद जा के कही हुई है ग़मो से दोस्ती ,
तुम आते-आते कही फिर से खुशियां मत ले आना ।

किसी ओर तौहफे का मुझे अब तज्ज़सूस नही ,
इक रुमाल बस तेरे पसीने से हुआ लथपथ ले आना ।

_भरत शर्मा तग़ज्जुल

अध्याय33

अब मुलाकात मुझसे वो करते नहीं ऐसा लगता है मुझ को
भुलाने लगे
हिज्र का मेरे ना तुझको अफ़सोस था बेवफा और मुझ को
बुलाने लगे।

महफिलों से यह कहकर चले आते थे मुझसे चाहत की बातें
तो होती नहीं,
खबर है कि मुझसे बिछड़ कर के तुम गीत मोहब्बत के फिर
गुनगुनाने लगे।

मिल गया कोई मुझसा यह पूछा नहीं शक करता हूं ऐसा
ना लगने लगे,
पहले तो तुम बताते थे बेख़ौफ़ सब राज दिल का यह क्यों
तुम छुपाने लगे।

जिसके माथे पर बिंदी ना चमकी कभी और पैरों में पायल
ना छनकी कभी,
वह हाथों में चूड़ियां कानों में बालियां और आंखों में काजल
लगाने लगे।

भूल पाया हूं बस यार इतना तुम्हें याद दिन भर में करते
हो जितना मुझे,
देख कर तेरी तस्वीर अब हम भरत आसू आंखों में ले

मुस्कुराने लगे।

_भरत शर्मा तग़ज्जुल

अध्याय34

बेसबब की नाराजगी में रखा क्या है,
चल बताता तो जा मेरी खता क्या है।

मुझे हार कर बड़े खुश हो रहे हो तुम,
बता ऐसी जीत में आखिर मजा क्या है।

मुझसे नफरत है यह बात कही नहीं है,
तेरे दिल में मेरे लिए बाकी बचा क्या है।

कई मर्तबा पूछ चुका हूं मैं तुझसे,
तुमने एक बार ना पूछा मअसला क्या है।

तेरे हिज़्र का हिसाब लगाने के लिए,
समझ रहा हूं रियाज़ी फलसफा क्या है।

सब मुझसे पूछ रहे हैं नुकसान क्या हुआ,
कोई उससे भी पूछो उसका नफ़ा क्या है।

तुम तो जी लोगे ग़ज़ल की तरह दिलों में,
तग़ज्जुल से पूछो कोई कज़ा क्या है ।

_भरत शर्मा तग़ज्जुल

अध्याय 35

किसी और में खो कर खुद को फिर ढूंढना पड़ा,
दिल के गुलों को अपने ही कांटों से जूझना पड़ा।

जरूरतों के चलते कुछ फैसले लेने पड़ते हैं,
सुबह होते ही चिरागों को खुद बुझना पड़ा।

किसी एक को तो निभाना था वफ़ा का दस्तूर,
तारे गुरुर में चमकते रहे चांद को टूटना पड़ा।

उनकी नजर अंदाजी मै कब तक बर्दाश्त करता,
आखिरकार गाफिल हो मुझे भी उनको भुलना पड़ा।

वह तो खामोशी से ताल्लुक तोड़ कर चला गया भरत
यह कहने के लिए भी मेरी जुबान को खुलना पड़ा।

_भरत शर्मा तग़ज्जुल

अध्याय36

आईना देखना अब गवारा नहीं,
तेरी सूरत सा कोई नजारा नहीं।

कौन रखता खबर मेरी गुमराही कि,
तेरी बस्ती में कोई हमारा नहीं।

खुद से कहता हूं अब तो भूला दे उसे,
दूसरा और कोई भी चारा नहीं।

खूबसूरत हो तुम लोग कहते हैं ये,
छोड़कर जो गए कुछ निहारा नहीं।

आज आ जाता वो सुन पुकारे मेरी,
तेरे जितना खुदा को पुकारा नहीं।

हो नहीं सकती मोहब्बत चांद की चांद से,
इसमें भी कोई दोष तुम्हारा नहीं।

अपनी ग़ज़लों से बगावत गलत बात है,
बिन तखल्लुस भरत सुन गुजारा नहीं।

_भरत शर्मा तग़ज्जुल

अध्याय37

तेरे झूठ में भी सदाकत झलकती है,
पत्थर दिल में नज़ाकत झलकती है।

तु मेरे ही पक्ष में कैसे होगा दोस्त,
तेरी दोस्ती में सियासत झलकती है।

मुझे कांटों से अब मोहब्बत-सी है,
फुलों में तो अब बगावत झलकती है।

चराग भी सूरज ढलते ही बुझ गया,
इसमें अंधेरे की हिफाजत झलकती है।

दलीलें देना तेरा काम नही तग़ज्जुल,
तेरे लहज़े में शराफ़त झलकती है।

_भरत शर्मा तग़ज्जुल

अध्याय38

सवाल भी तो होंगे जवाब है जहां,
ताबीर की तलाश करो ख्वाब है जहां।

उस किताब में कहां मिलेगी मुस्कुराहटे,
आंसुओं का लिखा पहला बाब है जहां।

अब वफ़ा ना मिलेगी कभी इस दयार से,
बेवफा का मिला खिताब है जहां।

मैंने उस कुचे से खरीदी अकल मंदी मेरी,
चालाकियां बेहिसाब दस्तीयाब है जहां।

मेरे इश्क की आबरू क्या करेगी वहां,
नफरत हर किसी का आब है जहां।

जम्हूरियत पे नमाज कौन पढेगा मुल्क में,
सियासत ही पाक़ किताब है जहां।

_भरत शर्मा तग़ज्जुल

अध्याय39

मेरे जहन से भी निकल गई दया उसी दिन,
और भी बहुत कुछ हुआ था नया उसी दिन।

ये भी ग़म-ए-राज़ सोचा तुम्हें बता दूं खुशी से,
तुम मिली एक अजीज बिछड़ गया उसी दिन।

मोहब्बत से दिल भरते ही नफरत करने लगा,
बेहया हो गई शायद हया उसी दिन।

जो गया है छोड़ के मुन्तजिर हूं इसीलिए,
हिज़्र मनाने के हो गया शया उसी दिन ।

_भरत शर्मा तग़ज्जुल

अध्याय40

परछाई की भी आहट होनी चाहिए,
कम से कम इतनी तो चाहत होनी चाहिए।

बेगुनाह होने पर तो इज़्ज़त ठीक है,
गुनाह-ए-इश्क में भी वजाहत होनी चाहिए।

गम के लिए भी इतना मयस्सर रहना,
हिज़्र के गम में भी राहत होनी चाहिए।

तुम मुझे आवाज ना देना मैं रुक जाऊंगा,
बशर्त तेरी चूड़ियों के खनखनाहट होनी चाहिए।

_भरत शर्मा तग़ज्जुल

अध्याय41

तु भी अब दिल से उतर जाएगा,
भले दिल फिर ये बिखर जाएगा।

रात रानी की उम्र पूर्णिमा तक है,
अमावस आते ही अंधेरा निखर जाएगा।

आज मुझे राह में छोड़ तो दिया,
अब यह भी बता दे तू किधर जाएगा।

मेरे साथ रहकर भी गद्दारी की है,
किसी और पर दिल तेरा ठहर जाएगा।

जितना बिगड़ना है बिगड़ ले देखना,
तुझ जैसा मिलते हैं सुधर जाएगा।

_भरत शर्मा तग़ज्जुल

अध्याय42

मेरा चेहरा एक बार पढ़ के देख,
दरारे नहीं दीवारें पढ़ के देख।

इकरारनामा की तव्क्को को छोड़,
वक्त निकाल इंकार पढ़ के देख।

आंखें तो मेरी सब पढ़ते हैं,
तु मगर रुखसार पढ़ के देख।
शायद मेरे मौत की खबर भी हो,
इश्क का अखबार पढ़ के देख।
जबान को कैंची तो पढ़ लिया,
अब की बार तलवार पढ़ के देख।
हिंदी की पंक्तियां पड़ी होगी,
मेरे उर्दू के अश़आर पढ़ के देख।

_भरत शर्मा तग़ज्जुल

अध्याय43

देख मुझे अब कहां चलना आता है,
जब से मंजिलों को बदलना आता है।

लौ की जरूरत तो पड़ती ही है,
मोम को बस पिघलना आता है।

मुस्कुराहट तोहफे में नहीं मिली,
यूं कह दो मुझे संभलना आता है।

बादल सबूत है इस बात का ,
पानी को भी जलना आता है।

तू मानसून से पत्थर बन गया,
तुझे भी तो बदलना आता है।

_भरत शर्मा तग़ज्जुल

अध्याय44

साक़ी नहीं उसका ज़ाम याद रख,
या मैंयखाने का नाम याद रख।

मोहब्बत तो शायद हर कोई कर ले,
उसके बाद का अंजाम याद रख।

तु मुझे भुला दे कोई गम नहीं ,
कम से कम मेरा नाम याद रख।

सिर्फ बात करने से दिल ना दे,
इसी ने किया नाकाम याद रख।

दाद शायद तुझे रोक दे भरत,
आगे बढ़ने के लिए इल्जाम याद रख।

_भरत शर्मा तग़ज्जुल

अध्याय45

इंतजार तेरा ताउम्र करता रहूंगा,
तेरे ना आने तक तड़पता रहूंगा।

यूं ही मैं तेरे वापस ना आने तक,
तेरी तस्वीर से झगड़ता रहूंगा।

रोज मिलूंगा ख्वाबों में हर शाम,
हर सहर तुझसे बिछड़ता रहूंगा।
मैं पतझड़ में फूल बनकर खिलूंगा,
और वसंत में झड़ता रहूंगा।

रोशनी का तज्जसुस कहां भरत को,
मैं तो अंधेरा बनकर चमकता रहूंगा।

_भरत शर्मा तग़ज्जुल

अध्याय46

आज भी सब यूं ही महफूज़ पड़े हैं सारे ख़त ,
रोज़ एक - एक निकाल के पढ़ लेता हूं तुम्हारे ख़त ।

तुम्हारी नामौजूदगी मुझे तड़फा नहीं रही क्योंकि ,
मेरी तन्हाइयों के बन गए हैं अब ये सहारे ख़त ।

कौरे काग़ज़ की रौनक आज भी वैसी ही है ,
चांद थे तेरे सब लफ़्ज़ और थे ये सितारे ख़त ।

देखना कहीं आंखों के दरिया में बह ना जाए ,
मैं छोड़ आया हूं कहीं पलकों के किनारे ख़त ।

मैं तो मोहब्बत के सबब मे हर रोज़ था लिखता ,
पर तुने तो लिखे थे बस बेबसी के मारे ख़त ।

अब ना कोई मैंने लिखा और ना तुने भेजा कोई ,
नाराज़गी में खामोशी जीत गई बस है हारे ख़त।

जब कभी डाकिया गुज़रता है मेरी गली से ,
उदासी से मेरी ओर थैले से निहारे ख़त ।

तेरी खुबसूरत आंखों की नज़र ना नसीब हुई ,
लिफाफे में युही लिखे पड़े रहे बेचारे ख़त ।

कुछ को तो पढ़ के युही छोड़ दिया गया था ,
हो गए थे जैसे चुनावों वाले मेरे नारे ख़त ।

उठने के बाद भी ख़त सोने से पहले भी ख़त ,
'तग़ज्जुल ' ने दिन नही है आज तक गुजारे ख़त ।

_भरत शर्मा तग़ज्जुल

अध्याय47

मैंने पढ़ते उनको देखी शायरी,
कुछ देखी कुछ अनदेखी शायरी।

कहीं पर दिल लगा बैठे थे क्या,
क्यों लिखते हो ऐसी शायरी।

तुम फरमाइश तो करके देखो,
सुनना चाहते हो कैसी शायरी।

सुना है वह भी करना चाहते हैं,
तग़ज्जुल के ही जैसी शायरी।

_भरत शर्मा तग़ज्जुल

अध्याय48

इश्क में अब बीमार कौन है,
दर्द का भला तलबगार कौन है।

मुझे तो कह रहे हो कुंदजहन
यह भी कह दे होशियार कौन है।

मालूम है फर्श और छत का मुझे,
सवाल अब ये है दीवार कौन है।

सब अयादत के लिए आए थे मेरी,
मेरे कत्ल का गुनहगार कौन है।

मैं बेचने को तैयार हूं दिल अपना,
पर बता दो खरीददार कौन है।

सबसे आ रही है खुशबू फूलों सी,
कैसे मालूम करें ख़ार कौन है।

_भरत शर्मा तग़ज्जुल

अध्याय49

कभी करके देखो अकेली मोहब्बत,
सुकून की ही है सहेली मोहब्बत।

कब कहां किस से कुछ मालूम नहीं,
होती है बस पहेली मोहब्बत।

कहीं घर कहीं मकान तो कहीं बेघर,
बन जाती है कहीं हवेली मोहब्बत।

दुख इंतजार तड़फ से है ताल्लूक,
नफरत के साथ ना खेली मोहब्बत।

_भरत शर्मा तग़ज्जुल

अध्याय50

मेरी शायरी में तुझे ग़म लगता है,
तू भी आंखों से नम लगता है।

मोहब्बत से धोखा खाकर सच लिखना,
यूं ही नहीं लिखने में दम लगता है।

मेरे महबूब को क्या कह कर बुलाऊं,
उसे खुदा भी कहूं तो कम लगता है।

तू आज भी मेरे साथ खड़ा है,
जाने क्यों मुझे यह हरदम लगता है।

यह सुन खुदा नाराज ना हो जाए,
तू मुझे गंगा या जमजम लगता है ।

_भरत शर्मा तग़ज्जुल

अध्याय51

जाते-जाते इंतजार का जाल ले जाना,
मेरी उदासी भरा यह हाल ले जाना।

वह तो ना अयादत को मेरी ,
क्यों नहीं आया मेरा ये सवाल ले जाना।

तस्वीरें खत तमाम निशानियां जला दी,
तकिए के नीचे रखा बाल ले जाना।

बढ़ती उम्र में भी ना कम हुआ सुरूर,
उधेड़ के इश्क की खाल ले जाना।

उससे बिछड़ के मरा नहीं कमाल है मेरा,
अब मरना है यह कमाल ले जाना।

_भरत शर्मा तग़ज्जुल

अध्याय52

तुम्हे तर्क-ए-उल्फ़त-ए-ग़म नही इसमे नशा मिले,
तुम ख़ाक की ज़मी की आरज़ू करो और कहकशां मिले।

पत्थरों के शहर से ताल्लुक है तो दिल है पत्थर का,
तुझे जिस से इश्क हो उसके दिल में शिशा मिलें।

तुमने तो दि है दाग़ वाले मेहताब के मिलने की बद्दूआ,
पर जा मेरी दुआ है तुझे तुलू-ए-महर-ए-दरखशा मिलें।

_भरत शर्मा तग़ज्जुल

अध्याय53

आंख का आंसू बन बहने लगा,
इंतजार खिड़की में बैठ करने लगा।

इससे ज्यादा क्या निभाऊ वफा,
तगाफुल को उसके सहने लगा।

अब मुझे भी खाक होना है,
कब्रिस्तान के आगे ठहरने लगा।

उसमें झलकने लगा खुदा जैसा गुरुर,
उस दिन से मैं खुद को काफिर कहने लगा।

_भरत शर्मा तग़ज्जुल

अध्याय54

मोहब्बत का पैर भारी हुआ,
कहती मन है कुछ कड़वा खाऊं,

कहती जन्मा ग़र सुकून नाम का लड़का,
तो नाच-नाच मै जश्न मनाऊ।

बेवफ़ाई का आया नौवा महिना,
मनहूसियत नाम की बन आई हकिमा,

गुस्सा बोला मैंने दी है जन्म घुंटी,
गलतफहमी की नीम भी दरवाजे पे चमकी,

रोकर बाद मे फिर रोश भी मनाया,
नफ़रत नाम की लड़की थी जन्मी।

_भरत शर्मा तग़ज्जुल

अध्याय55

हवाओं से, गुलिस्तां से, खुदा से,
मैं सारी की कैद खुश्बू कर लूंगा,

रोशनी की कमी रही तो देख लेना,
आफताब को रू-ब-रू कर लूगा।

जब मिलूगा मैं तुम से,
यकिन जानों, खुदा गवा होगा,

मैं मुन्तजिर था जिसका,
उस वक्त सब कुछ अदा होगा,

खुदा की जगह रख कर तुझे,
सब रिवायतें हु-ब-हु कर लूंगा।

तुझे देखने से कब्ल ये वादा रहा,
मैं आंखों को वुजू कर लूंगा।

_भरत शर्मा तग़ज्जुल

अध्याय56

मैं थोड़ा बेगाना-ए-अलम हूं,
मेरे लिए मौतबर कोई नहीं,

हसीन से हसीन रानाइयो में,
ये नीमंबाज आंखें कभी खोई ही नहीं।

दौर-ए-माज़ी शादाब रहा मेरा,
मुस्तकबिल ना जाने क्या होगा,

काश दुखो के छेद को रफू करने,
काशिदकार-ए-अजल बैठा होगा।

मुनाफ़िक़ रफ़ीक के मानिंद,
मुझे ये शोआ-ए-सहर लगती हैं,

मैं कदामत पसंद इंसान हूं तू मुझे,
पर नूर-ए-सहर लगती है।

अपने मरासीम की तल्ख़ हक़ीक़त,
तु मुझे हु-ब-हु तीरगी-ए-शब,

यानी मौतबर, रफ़ीक, हैरतअंगेज,
जामाल, शादाब, ज़हर लगती हो।

सयाद-ए-अज़ल मेरा मुन्तजिर है,
तुझे पी के वफ़ात को पा लूं,

क्योकी तु मुझे ज़हर लगती हो,
जो ज़हर अमृत से बढ़कर है,

अमृत से बढ़कर है,
अमृत से बढ़कर है|

_भरत शर्मा तग़ज्जुल

अध्याय57

वो इश्क जब इश्क से बावस्ता ना था ,
जिस इश्क के यादों के धागे
सिर्फ उदासी , अफसूर्दगी , मायूसी
और बस इंतेजार,इंतजार और इंतज़ार ... ?
ये है मेरी पहली मोहब्बत
या यूं कहूं की थी ... या है ? ..... पता नहीं।
बस अहसास है या वो भी नही ??
इन दिनों एक शुख्श रोज़ मिलता हूं!
पर सिर्फ ख्वाबों में।
रोज फोन पर बात होती है......
ये बात जुदा है की फोन में ही करता हू ,
वो भी किसी ना किसी बहाने से!
पर ये अहसास भी दिल को,
सुकून ,खुशी , मुस्कुराहट देता हूँ !
या सच कहू की मेरी जवान मोहब्बत को साज़ देता है,
ये थी मेरी दूसरी मोहब्बत।
या यूं कहूं की है ....
या सिर्फ एकतता या उसे भी है।
पता नहीं ?पर कुछ तो है।
मोहब्बत , चाहत या कुछ भी नहीं ??
पर अच्छा है..........
और अगर अच्छा तो हां मोहब्बत ही होगी ???
नही मोहब्बत ही है,

मोहब्बत ही है।
मोहब्बत ही है।

_भरत शर्मा तग़ज्जुल

अध्याय58

आज बस के सफ़र में कुछ दिलचस्पी थी !
खुबसूरती और बदसूरती की बगावत देखी ।
सिर्फ आंखों को घुमाने से , बहुत से चेहरे ही चेहरे नज़र
आ रहे थे ,
यानी की भीड़ बहुत ज्यादा थी !!
मैं दफ्तर से घर जा रहा था ,
और तभी मेरी तन्हा आंखें क्या देखती है की ....
पच्चीस बरस की एक लड़की सादे से लीबाज़ में ,
रंग शायद दूध भी ना हो जितना सफेद ,
मेरे बाई ओर खड़ी थी .....
आंखों में जैसे पौधे की हरी पत्तियां
और आसमान से नीले रंग की कारीगरी थी ,
मतलब खुबसूरती ही खुबसूरती ।
और वही दुसरी तरफ एक कमसिन सी उम्र की लड़की ,
जिसके आज के दौर के कपड़े पहने थे ,
ठीक मेरी दांई तरफ ....
एक तो घुंघराले काले बाल , और रंग जैसे काजल की खान
हो ... !
मेरा आज का जमाना इसे बदसूरती कहता है ।
एक का सफेद रंग और एक का काला ,
और मैं बीच में काला कोट और सफेद शर्ट पहने हुए
चुकी मैं दफ्तर से जो निकला था !
अब एक को जमाने ने खुबसूरत कहा ,

और एक को बदसूरत ,
और ये सफ़र था गुलाबी नगरी यानी जयपुर !
मैंने काला और सफेद दोनों पहने हैं ... !!
तो अब मै क्या हूं ?
मुझे जमाना क्या कहेगा ... खुबसूरत या बदसूरत ?
या जयपुर की तरहा जिसमें ,
ना तो सफेद हैं ना काला , फिर भी खुबसूरत .... !!
फिर भी खुबसूरत ।

_भरत शर्मा तग़ज्जुल

अध्याय59

इस बारिश में मुझे तुम मिल गए !
इन काले बादलों के बीच की सफेदी मे , तेरा चेहरा चमक
रहा था ...
इन पत्तियों पर गिरी बारिश की बूंदों पर ,
जैसे तेरी आंखें मुझे देख रही थी ...
इस चलती ठंडी हवाओं में , जैसे तुम मुझे पुकार रहे थे ....

गमले की गिली मिट्टी में जैसे , तेरे सांवले रंग का अक्स
था ...
गिले फुलों की पंखुड़ियों में ,
जैसें तेरे पसीने की खुशबू थी ...
मेरे आस - पास की हर चीज़ ,
जैसे बारिश खत्म होने के बाद की वीरानगी ,
ख़ामोश पड़ी बूंदों की शांती ,
बारिश से भरें बादलों की जैसे , वापिस हो रही हो रवानगी
,
चाय की खुशबू जैसे खुद , उबलना हो पहले से जानती ,
और ये सब चीजें तेरी तरहा जैसे मुझे , पुरी अच्छे से हो
पहचाती ।।
ये सब मेरे से निभा रहे थे रिवायतें शनाशाई की ,
मौत हो गई लगा मेरी तन्हाई की ,
इस बदन में तजस्सुस की अंगड़ाई की ,
पर मैंने मोन खड़े रहकर तेरी रूसवाई की ,

बात ना मानी जो मेरे हरजाई की ...
तुम जानते हो तेरे सामने कहां कुछ कह पाता हूं , तो
आज क्या कहता , मुद्दतो बाद जो मिलें ,
बस देखता रहा , ढुढता रहा , पिरोता रहा ....
बड़ी नज़ाकत के साथ ,
सदाकत के साथ ,
हिमाकत के साथ,
कि कही तुम टूट ना जाओ , दूर ना हो जाओ ,
अचानक आवाज़ आई भरत चाय ले जा ,
ख्याल आया आवाज़ मेरे दोस्त अजय ने दी है ,
होश आया मैं बालकनी में हूं और आवाज़ अदंर से आई थी
,
उफ़ ! आंख खुली आज आंखें बंद की बारिश को देखते देख

और खुली आंखों से ख़्वाब देखा वो भी तुम्हारा ,
कि इस बारिश में मुझे तुम मिल गए ।
एक ख़्वाब देखा खुली आंखों से ,
कि इस बारिश में मुझे तुम मिल गए ।
मुझे तुम मिल गए ।

_भरत शर्मा तग़ज्जुल

अध्याय60

क्या यह प्यार है ? !
एक को इंतजार करवा रहा हूं ,
वही दुसरी तरफ किसी का इंतजार कर रहा हूं !
एक की यादों में बसा हूं ,
वही दुसरी तरफ मेरी यादों में कोई बसा है ।
कोई मेरे लिए परेशान हैं ,
और किसी दुसरे के लिए मैं परेशान ,
कोई मेरी मुस्कुराहट को देख हंस रहा है ,
किसी की एक नज़र के लिए भी मैं तरस रहा हूं !
अब तुम मुझे बताओ मैं किसे चुनूं !
ये सच्ची मोहब्बत है जिसकी राख लेके बैठा हूं ,
जो कबकी मर गई उस दुसरे की ओर से ,
या मैं नाइंसाफी कर रहा हूं उस पहले के साथ ,
जो मुन्तजिर है मेरे साथ ख़्वाब देखने को !
तुम बताओ क्या चुनूं मैं ,
जो मर गया उसे ? या जो अभी जन्म लेने वाला है उसे !

_भरत शर्मा तग़ज्जुल

अध्याय61

मैं तुझे क्या जवाब दूं ,
तेरे अहसास को क्या मिसाल दूं ,
हां ना की इस कश्मकश की जगं मे ,
इस रिश्ते को आखिर क्या नाम दूं ।
मैं तुझे क्या जवाब दूं ।
तुम तो ले आए अपना पैगाम ,
लिख मोहब्बत पर मेरा नाम ,
मैं बंजर जमीन झौपड़ी के काबिल नही ,
महलों की आराजी में ये शामिल नहीं ,
मेरी कहानी समझ लो जिंदगी कि किताब दूं ?
आखिर मैं तुझे क्या जवाब दूं ।
साथ है बस कुछ कही अनकही बातें ,
सुरज को पसंद आ गई शायद अधेरी राते ,
मुन्तजिर कौन है किसका शायद नही पता ,
दिल की या निगाहों की नाजाने किसकी है खता ,
अभी जवाब नही बस कहे तो तुझे सवाल दूं ,
ये बता दे मैं तुझे क्या जवाब दूं .....
तुही बता दे अब तुझे क्या जवाब दूं ?
मैं तुझे क्या जवाब दूं ।

_भरत शर्मा तग़ज्जुल

अध्याय62

तेरा क़र्जाई ह मैं !
इस जन्म में ये क़र्ज़ उतार ना पाऊंगा ,
तुम्हारे साथ की मुलाकातें बहुत महंगी थी ,
मुफलिसी की फ़िक्र किसे थी जब तुम थे सामने ,
बस खरीद लिया तुमे क़र्ज़ लेकर !!!
आज की मुलाकात में तुम वही थे ,
मैं भी वही था 3 साल पुराने वाला ,
बस अलग था तो कमरा ,
अलग था वो घर ,
अलग थी दिवारे ....
उस वक्त थी तुम्हारे घर ,
तुम्हारे कमरे की दिवारे ,
आज की ज़मीन थी मेरे घर की ,
एक चीज़ हम दोनों जैसे वैसी ही थी ,
वही श्याम का 8 बजे के बाद का वक्त ,
सुरज ढलने के बाद की मिठी रात....
मुझे फिर वही ले गई ,
उसी वक्त की दहलीज तक खींच कर ,
आज की तारीख भुल गया ।
लगा 11 फरवरी है ।
तेरा क़र्ज़ चढ़ गया आज फिर ,
उतारूगा अगले जन्म में..........
पर इस शरीर में नही दुसरे में ,

पर तू इसी शरीर में रहना ।
इसी शरीर में रहना तूं
मुझे इसी शरीर में मिलना मेरे दुसरे शरीर से ।

• 73 •

_भरत शर्मा तग़ज्जुल

अध्याय63

कफ़न बैगेर है बेकार मय्यत ,
मांस का बना है बस ज़ार मय्यत ,
इंसानियत का उठता बाज़ार मय्यत ,
मौत का बचा हुआ औज़ार मय्यत ,
समझेगा उस दिन मोहब्बत को तू ,
कब्र में तड़पेगा सोहबत को तू
फुलो के बैगर की थी तैयार मय्यत ,
होता बेवफ़ा के लिए प्यार मय्यत।

दिल जो दिया तो तुझे दाम क्या लिखूं
नफ़रत का तुझे मैं पैगाम क्या लिखूं ,
अश्क पी लिया तो फिर ज़ाम क्या लिखूं
इश्क के गुनाह मे इलजाम क्या लिखूं ,
तेरी हर इक तोहमत पे काज़ी मै बना ,
मुस्तबिल को छोड़ दौर-ए-माज़ी मै बना
चाहत में मरी सौ -सौ बार मय्यत ,
होता बेवफ़ा के लिए प्यार मय्यत।

पहले अरसे के पहले पहर मिला ,
मांग था सुकू तुझसे कहर मिला ,
शब की करता था दुआ पर सहर मिला ,
दवा की जगह मुझे भी जहर मिला ,
ख्वाबो में भी सोचा था निकाह का खुदा ,

आखिर में क्यो किया उसने खुद से जुदा ,
मज़हब में जो बांटे वो हर तार मय्यत ,
होता बेवफ़ा के लिए प्यार मय्यत।

इश्क में भी गैरत का काम होता है ,
सडको पे भी रेप सरेआम होता है ,
बदनाम मोहब्बत का फिर नाम होता है ,
ऐसा आशिक नमक हराम होता है ,
वफाओं को जोड़ के बना वो पूल हूं ,
शर्मा के साथ - साथ तग़ज्जुल भी हूं ,
दागों के कलम से सज़ी तेरी यार मय्यत ,
होता बेवफ़ा के लिए प्यार मय्यत।

_भरत शर्मा ' तग़ज्जुल

शायर का परिचय

भरत शर्मा तग़ज्जुल राजस्थान के जिले हनुमानगढ़ में बसे छोटे से शहर पीलीबंगा से ताल्लुक रखते हैं। हाल फिलहाल बीकानेर से वकालत की डिग्री ले रहे हैं। भरत शर्मा तग़ज्जुल उर्दू की बहुत सी महफिलों में युवा शायर के रूप में अपना योगदान दे रहे हैं। भरत शर्मा तग़ज्जुल की ख़ास दिलचस्पी उर्दू ज़बान की तरफ है, इनकी शायरी में उर्दू को लेकर इनकी मोहब्बत बहुत खूब झलकती है। उर्दू के साथ -साथ भरत शर्मा तग़ज्जुल ने पंजाबी, हिंदी, और अंग्रेजी भाषा में भी कलाम कहा है परंतु इनकी उर्दू की ग़ज़लें काफ़ी मकबूलियत हासिल करती है।

भरत शर्मा तग़ज्जुल ने ज़श्न ए कातिब नाम के अदबी मंच की भी नींव रखी है जिस पर अभी भी कुछ खास मौकों पर उर्दू के मुशायरे करवाये जाते हैं।

Instagram id: - pettifogger_1